LITERATUR
UND
METHODE

Heinrich Leopold Wagner

Die Kindermörderin

Einführung in literatursoziologische Arbeitsweisen

Lehrerheft

von

Dr. Reinhold Klinge

Hirschgraben-Verlag · Frankfurt am Main

ISBN 3-454-50120-2

INHALT

ISBN 3-454-50120-2 5 4 3 2 1 | 1984 83 82 81 80

Satz · Druck · Bindearbeit: Parzeller & Co., Fulda

1 DIE PERSPEKTIVE DES UNTERRICHTSMODELLS

„Literatursoziologie und Deutschunterricht" war das Thema einer Deutschlehrer-Tagung, die im Frühjahr 1975 in der Grenzakademie Sankelmark stattgefunden hat. Das vorliegende Projekt ist im Zusammenhang dieser Tagung angeregt worden. Für die Publikation in der Reihe „Literatur und Methode" wurde das Modell erheblich erweitert und stärker vorstrukturiert. Es stellt den Versuch dar, die in Sankelmark diskutierten Methoden soziologischer Literaturanalyse an einem speziellen Beispiel, nämlich Wagners „Kindermörderin", zu konkretisieren. Dazu wurde ein umfangreiches Materialfeld inhaltlich und didaktisch so aufbereitet, daß dem interessierten Fachkollegen mühsame und zeitraubende Vorarbeit erspart bleibt. Gleichzeitig sollen die Schüler die Möglichkeit haben, einen fast unbekannten älteren, aber sehr interessanten Text vollständig kennenzulernen und mit den vielfach beigegebenen Materialien einen Zugang zu diesem Text und seinem Autor zu bekommen.

Wagners „Kindermörderin" unter literatursoziologischen Fragestellungen zu betrachten, ergibt sich – jenseits eines wie auch immer gearteten literaturtheoretischen Ansatzes – gewissermaßen von der Sache selbst. Um dies zu verdeutlichen, sei aus einer bekannten Literaturgeschichte zitiert. Dort heißt es im vierten Kapitel („Die Revolution im Drama"):

„Aus den weiten Bereichen neuer Wirklichkeiten, die die bürgerliche Dichtung seit den vierziger Jahren des Jahrhunderts erschlossen hatte, erwuchs dem Sturm und Drang ein neuer Sinn für Tragik. Er erkannte den Menschen in seiner sozialen Bedingtheit, und aus dieser Erkenntnis ergab sich notwendigerweise die Sympathie für die Unterdrückten, Schwachen und Geringen, auf der anderen Seite Bewunderung für die ‚Kerls', die es wagten, die Schranken der sozialen Ordnung zu durchbrechen und den Gesetzen zu trotzen. [. . .]

In den Kampf des Rechts gegen die Gesetze griffen die Stürmer und Dränger ein, indem sie das Verständnis der Zeit bei der Beurteilung des Kindsmordes aufriefen. Sie brachten die Forderung vor, die die Aufklärung im Namen der Moral und Rousseau im Namen der Natur erhoben hatten. Im Zusammenhang mit der Diskussion über die Todesstrafe wurden viele Stimmen für eine mildere Handhabung der Gesetze laut. Goethes Schwager Schlosser, Iselin und Pestalozzi (1783) haben sich mit dieser Frage beschäftigt, als der Oberappellationsrat beim Mannheimer Gericht Ferdinand von Lamezan einen Preis für die beste Beantwortung der Frage aussetzte: *‚Welches sind die besten ausführbaren Mittel, dem Kindermord abzuhelfen, ohne die Unzucht zu begünstigen?' (1780).* [. . .]

Der Frage des Rechts auf freie Liebeswahl und dem Motiv des Kindsmordes schloß sich das Problem der Stände an, dessen Gestaltung im bürgerlichen Roman und in den bürgerlichen Rührstücken Lillos und Diderots vorbereitet worden war. Gegen die gesellschaftliche Mißachtung des Bürgertums, die der Sturm und Drang als eine Folge der ökonomischen und politischen Gebundenheit ansah, erhob sich Protest und Anklage, ohne daß man zu positiven Vorschlägen gelangt wäre. [. . .]"[1]

Anders gesagt: Da die Stürmer und Dränger und also auch Wagner ihr literarisches Schaffen selber als ein eminent sozialkritisches begriffen haben, hat eine Analyse – will sie nicht verkürzen oder verfälschen – den Gegenstand ihrer Untersuchung in den sozio-ökonomischen Kontext zu stellen, in den das Werk gehört und den zu kennen ein sachgemäßes Verstehenwollen notwendig macht.

In der sehr lesenswerten Studie „Gesellschaft in literarischer Form. H. L. Wagners ‚Kindermörderin' als Epochen- und Methodenparadigma"[2] charakterisiert J. Werner in gleicher Weise das für diesen Gegenstand notwendige Verfahren: „[Es] intendiert, über die doppelseitige Vermittlung von Werk und Gesellschaft (jenes in dieser zu erkennen, mehr aber diese in jenem) hinaus, auch die mit dem Standort seiner gegenwärtigen Deutung; wie Literatursoziologie überhaupt deren Vorläufigkeit und Relativität bewußt macht. Es ist zugleich ein Bewußtsein von der Fremdheit des Werks statt vorgeblicher Einfühlung, von einer erst fruchtbaren Distanz."[3]

Diese Position läßt sich noch genauer bestimmen anhand der folgenden Skizze eines literarischen Kommunikationsmodells:

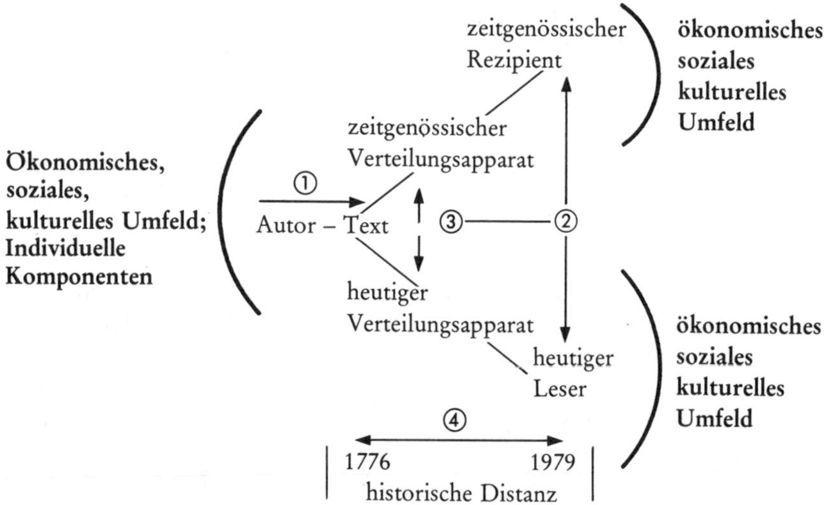

[1] De Boor/Newald: Geschichte der Deutschen Literatur, Band 6/1. München: Beck 1957. S. 260 f.

[2] erschienen in der Reihe „Literaturwissenschaft Gesellschaftswissenschaft" (LGW). Stuttgart: Klett, 1977.

[3] a. a. O., S. 17.

Im Interesse einer eindeutigen Verständigungsmöglichkeit soll der Bereich ① Wirkungsästhetik, der Bereich ② Rezeptionsästhetik genannt werden. Der Bereich ③ gehört in das Umfeld einer positivistischen Literatursoziologie, hat aber auch Wirkungen auf die Textgestalt, wie wir gerade hier noch sehen werden. Der Bereich ④ ist der jeder hermeneutischen Bemühung um Texte überhaupt. Dieser letzte Bereich ist in der Schule *das* Problem schlechthin bei Texten aus zurückliegenden Epochen.

Das vorliegende Modell ermöglicht Untersuchungen in den Bereichen ①, ② und ④. Allerdings können nur Schwerpunkte gesetzt werden. Der Bereich ③ kann nur gestreift, eine Untersuchung des Theaterwesens und des Leserkreises der siebziger Jahre des 18. Jh. kann hier nicht als Material angeboten werden. Die hermeneutischen Probleme sind bei der ganzen Untersuchung gegenwärtig, das Unterrichtsmodell lebt aus dem Versuch, Vergangenes als Vergangenes zu vergegenwärtigen und auch die neuen Formen eines alten Problems zu verdeutlichen und dabei, wenn möglich, von emotionaler Betroffenheit auszugehen.

In diesem Spannungsfeld sollte herauskommen, daß das alte Problem des Kindsmordes in der historischen Form durch die „Aufklärung" beseitigt ist, in Form der Kontroverse um den § 218 aber in der Frage, wie auch bis heute Frauen mit diesem Problem fertigwerden müssen, weiterbesteht. Ein Schlaglicht auf die Aktualität des Themas wirft die Zeitungsnotiz, SB, S. 7.

Zum Methoden-Modell wird die Beschäftigung mit dem Stoff im Bereich ① allerdings nur, wenn versucht wird, die Zusammenhänge eines literarischen Werkes mit dem sozio-kulturellen Kontext einer Zeit und dem persönlichen Anteil des Verfassers aufzuarbeiten. Die meisten Materialien des Schülerbandes dienen dieser Aufgabe.

Angestrebt ist, da ja auch die Formelemente des Dramas untersucht werden sollen, eine Ahnung von dem zu vermitteln, was Goldmann als Strukturhomologie zwischen Werk und Zeit bezeichnet. Wenn die Schüler vielleicht doch etwas näher an einem simpleren Verständnis von „Widerspiegelung" hängenbleiben sollten, so ist das methodisch kein unbedingter Fehler, da der Lehrer ja auch noch eine Aufgabe in diesem Kurs hat. Auch scheint der Gegenstand, vom Inhalt wie von der „offenen Form" her gesehen, für eine Explikation des Goldmannschen Begriffs wie geschaffen.

Neben dem im engeren Sinne literatursoziologischen Ansatz eröffnet Wagners „Kindermörderin" zugleich einen weiteren Aspekt möglicher Literaturbetrachtung: Mit den Stichworten „Gretchentragödie" (Goethe), „Maria Magdalena" (Hebbel), „Der Hofmeister" (Lenz/Brecht), „Die Kindermörderin" (Hacks), „Oberösterreich" und „Stallerhof" (Kroetz), „Rose Bernd" und „Die Ratten" (Hauptmann), „Cyankali" (Wolf) u. a. nämlich ist ein Feld literarischer Produktion abgesteckt, innerhalb dessen es möglich wird, das Wagnersche Drama auch unter wirkungsgeschichtlichen Fragestellungen zu untersuchen bzw. das Motiv des Kindesmords (und das ihm verwandte der ledigen Mutter) bis in die Gegenwart hinein literarisch zu verfolgen. Der vorliegende Entwurf hat allerdings auf eine genauere unterrichtsbezogene Aufschlüsselung dieses Aspekts verzichtet, weil es ihm in erster Linie um die Anwendung der literatursoziologischen Methode (im engeren Sinn) geht. Das Verlaufsdiagramm (s. S. 12) markiert daher in der Phase 4.5 nur die Nahtstelle, von der aus sich das Projekt auf den wirkungsgeschichtlichen Aspekt hin sinnvoll ausweiten ließe. Eine solche Unterrichtseinheit wäre jedoch nur unter Weglassung des hier vorgestellten methodischen Zugriffs denkbar, da sie selbst für einen Leistungskurs zu umfangreich wäre.

Damit ist die Frage nach dem Adressaten des Projekts angeschnitten. In der vorliegenden, vom Lehrer u. U. jedoch noch zu kürzenden Form ist der Entwurf zunächst gedacht für einen Grundkurs Deutsch im dritten oder vierten Studienstufensemester. Der Stellenwert einiger der angebotenen Texte wird ja erst deutlich, wenn den Schülern ein gewisser Horizont auch im methodischen Bereich eröffnet ist. Wenn an einigen Stellen gleichwohl das Anspruchsniveau weiter gefaßt ist, so einmal deshalb, um den Fachkollegen innerhalb des abgesteckten Rahmens die Möglichkeit zur Bildung von Schwerpunkten zu geben, zum andern aber auch, um den Entwurf grundsätzlich für eine Verwendung als Leistungskurs offenzuhalten.

Dem Prinzip der Offenheit entspricht auch, daß der Entwurf auf eine zeitliche und inhaltliche Fixierung von Klausuren verzichtet hat, zumal sich gerade bei dieser Frage den unterschiedlichen Kurs- und Schulbedingungen nicht vorgreifen läßt. Dagegen lassen sich die in vielen Lehrplänen enthaltenen Gesichtspunkte zur Stoffgliederung: „Darstellung einer Epoche" – „Einführung in Methoden" – „Exemplarische Erarbeitung eines Werkes aus bestimmten Gattungen" – „Motivbezogener Längsschnitt" – „Querschnitt durch das literarische Leben einer Zeit" – „Probleme literarischer Wertung" und die immer wieder erhobene Forderung der „Weckung des historischen Bewußtseins" und der „Erörterung der Verstehensproblematik" mit dem hier vorgelegten Modell z. T. ganz, z. T. als Ausgangspunkt gut abdecken.

Die Studie von J. Werner, die während der Arbeit an diesem Projekt erschien, erweist sich in ihrer Intention, soweit es das Thema angeht, als Parallele zum eigenen Projekt, und es zeigt sich wieder einmal, daß bestimmte Themenstellungen zu bestimmten Zeiten in der Luft liegen. J. Werner hat in seiner – ungleich breiter angelegten – Untersuchung die Fragen beantwortet, die auch den Verfasser dieses Modells zum Thema gedrängt haben. Und doch – meinen wir – ist damit das vorliegende Unternehmen nicht überflüssig geworden. Denn nicht die fertige Antwort, die Einsicht in eine gut belegte Deutung ist es, was in der Schule gelernt werden soll, sondern der Gewinn eben dieser Einsichten im möglichst selbständigen Umgang mit vorgelegten Materialien. Der Weg ist also selber das Ziel, und unter den Bedingungen der Schule muß natürlich vereinfacht und reduziert werden. J. Werner bleibt das Verdienst, in der Aufarbeitung des zeitgenössischen Materials und in der

Analyse der Formelemente z. Z. unübertroffen zu sein und das Exemplarische des Wagnerschen Werkes gezeigt zu haben. „Strukturhomologie“ – dieser so programmatische Begriff – hier wird deutlich, was es mit ihm auf sich hat und welche heuristische Funktion er haben kann. Gerade wegen der Ergebnisfülle und der Reflexionsebene bleibt die Studie aber dem Lehrer vorbehalten; für den Schüler wäre sie eine Überforderung. Das schließt nicht aus, daß einige Teile und Analyseergebnisse durchaus einigen Schüler-Arbeitsgruppen in die Hand gegeben werden können, vor allem dort, wo die vorgelegten Materialien unseres Bandes nicht ausreichen (z. B. bei der Frage der primären Rezeption des Dramas).

Inhaltlich bleibt für uns auch nach der Lektüre von Werners Studie problematisch, wie es möglich war, daß Wagner sein Werk selbst zur Komödie umfrisierte, von der Tragödie wieder abrückte und damit die Opfer der „besseren Gesellschaft“ zum zweiten Male opferte: diesmal der Rührseligkeit eben dieser Gesellschaft. Auch Werner bleibt dieser Frage, die ja auch eine Frage an den Werkcharakter der Tragödie ist, nicht nur eine an den Charakter des Verfassers, eine letztlich überzeugende Antwort schuldig[4]. Es sei denn, W. Benjamins Kritik an seinen Zeitgenossen gilt bereits für die Dichter des „Sturm und Drang“: „Und ich behaupte . . ., daß ein erheblicher Teil der sogenannten linken Literatur gar keine andere gesellschaftliche Funktion besaß, als der politischen Situation immer neue Effekte zur Unterhaltung des Publikums abzugewinnen.“[5]

Der ganze Abstand vom Forschungs- und Wertungsplafond unserer Tage zu dem früherer Zeit wird deutlich, wenn man Werners Arbeit mit der Erich Schmidts[6] vergleicht und dann wieder eine neuere Monographie zur Hand nimmt wie die von Jürgen Haupt[7].

Im 19. Jahrhundert konnte man offenbar, in der Motivforschung erstickt und vom Licht Goethes und seinem überheblichen Altersurteil[8] geblendet, dem eigenständigen Talent Wagners keine Gerechtigkeit widerfahren lassen. Am Schluß dieses Heftes werden einige Stellen aus diesen Arbeiten wiedergegeben (s. S. 22 ff.), da gerade diese sonst nur über größere Bibliotheken erreichbar sind.

[4] siehe S. 119ff.

[5] Walter Benjamin: Versuche über Brecht. Frankfurt: Suhrkamp 1966. S. 104f.

[6] H. L. Wagner, Goethes Jugendgenosse. Jena 1879.

[7] Die Kindermörderin. Ein bürgerliches Trauerspiel vom 18. Jh. bis zur Gegenwart. Orbis Litterarum 32 (1977). S. 285–301.

[8] „Vorübergehend will ich nur, der Folge wegen, noch eines guten Gesellen gedenken, der, obgleich von keinen außerordentlichen Gaben, doch auch mitzählte. Er hieß Wagner, erst ein Glied der Straßburger, dann der Frankfurter Gesellschaft; nicht ohne Geist, Talent und Unterricht. Er zeigte sich als ein Strebender, und so war er willkommen. Auch hielt er treulich an mir . . .“ Daran schließt Goethe seinen Bericht vom angeblichen Motivdiebstahl vom Kindesmord aus der mündlich erzählten Gretchen-Episode aus dem „Faust“. (Siehe „Dichtung und Wahrheit“, 14. Buch).

Der neueste Sammelband von Arbeiten zum „Sturm und Drang“[9] führt auch in einigen Aspekten deutlich über die letzte Monographie von Roy Pascal[10] hinaus, die ebenfalls nur noch in Bibliotheken erhältlich ist. Einige für unser Werk interessante Ansätze werden auch aus dem Hinckschen Werk angeführt (s. S. 27 ff.). Letztere können auch den Schülern in ihren Arbeitsgruppen zugänglich gemacht werden – zumindest dann, wenn in einem Leistungskurs vertieftes Arbeiten möglich ist.

Wenn es gelänge, den hier offenbleibenden Diskussionsstand – der von Verständnis bis zur Verurteilung Wagners reichen kann – auch bei den Schülern offenzuhalten, wenn es gelänge, die Produktions- und Rezeptionsverhältnisse jener Zeit als paradigmatisch zu erkennen und einen von Motivation getragenen Frageansatz für eine Untersuchung heutiger Bedingungen zu finden, wäre eine weitere, im vorliegenden Werk freilich nicht weiterverfolgte Zielsetzung des Literaturunterrichts erreicht.[11]

[9] Sturm und Drang. Hrsg. von Werner Hinck. Kronberg: Athenäum 1978 (Athenäum TB 2133).

[10] Stuttgart: Kröner o. J.

[11] An der Sankelmarker Arbeitsgruppe waren neben dem Verfasser beteiligt: Ilka Fendt, Ulrich Keudel, Manfred Koch, Gerd Pingel, Arnold Petersenn, Barbara Schulz, denen an dieser Stelle gedankt werden muß.

2 DIE LERNZIELE DER UNTERRICHTSEINHEIT

In der folgenden Aufstellung wird versucht, in Form von Lernzielen das zusammenzustellen, was man an kognitivem Gewinn erhoffen kann. Wir versuchen beschreibbar zu machen, was der Schüler kennen, nennen und können soll; insofern ist Operationalisierbarkeit zumindest intendiert. Wir lehnen uns an B. S. Bloom[12] an, weil dieser Autor – so schematisch sein Vorgehen auch erscheinen, so umstritten manche Zuordnung zu den vorgeschlagenen Kategorien auch sein mag – den ersten umfassenden Versuch vorgelegt hat, Lernprozesse nach der Struktur der in ihnen vorkommenden Denkprozesse zu kategorisieren. Unsere Formulierungen zeigen aber zugleich die begrenzte Reichweite einer taxonomischen Ordnung im Literaturunterricht, denn auch an diesem Thema wird die Komplexität geisteswissenschaftlichen „Verstehens" deutlich. Der Gefahr, daß dieser Lernzielkatalog den Schülern ‚übergestülpt' wird, sollte man durch die Mitbeteiligung der Schüler entgegenwirken – thematisiert wird ein solcher Prozeß in Phase 2 der Unterrichtseinheit.

Aus dem Katalog der Lernziele kann man den Gang von Teileinheiten nicht ablesen; einzelne Stunden können mehrere Lernziele umfassen und auf verschiedenen Ebenen der taxonomischen Hierarchie liegen. In der folgenden Lernzielliste wird die taxonomische Hierarchie insofern deutlich, als wir von einfacheren zu komplexen Lernzielen fortschreiten. Ansätze zur Evaluation kommen allerdings schon früh zum Tragen.

Die hier formulierten Lernziele tauchen in der Darstellung des Organisationsverlaufs an der Stelle der vorgeschlagenen Unterrichtseinheit wieder auf, wo sie von der methodischen Inszenierung her sinnvoll erscheinen.

Die Schüler sollen

(1) einige wichtige Autoren des „Sturm und Drang" nennen
(2) einige wichtige Werke der Autoren in ihren Grundzügen beschreiben
(3) einige markante Biographien von Dichtern des „Sturm und Drang" wiedergeben
(4) den Text von Wagners „Kindermörderin" kennen und dessen Hauptprobleme darlegen
(5) das politische und ideologische System des „Aufgeklärten Absolutismus" kennen; dies impliziert Grundbegriffe der Aufklärung
(6) die soziale Lage von Adel / Bürgertum / niederen Schichten kennen und eventuell beurteilen

[12] B. S. Bloom: Taxonomie von Lernzielen im kognitiven Bereich. Weinheim: Beltz 1972.

(7) die gesellschaftlich ohnmächtige Lage junger Mädchen, insbesondere der aus niederen Schichten, aus den Textmaterialien des Schülerbandes abstrahieren, darstellen und eventuell bewerten
(8) ebenso: die gesellschaftlichen Formen der Ächtung von unehelicher und verhehlter Schwangerschaft
(9) ebenso: den insgesamt niedrigen Stand der Sexualaufklärung im 18. Jahrhundert
(10) die juristischen Formen der Bestrafung des Kindesmordes in verschiedenen Jahrhunderten kennen und bewerten
(11) die Formen und Argumentationen kennen, in denen sich das Problem der Verhinderung unerwünschten Nachwuchses heute zeigt, und vorläufig bewerten
(12) das schriftstellerische Selbstverständnis von Autoren des „Sturm und Drang“ aus Primär- und Sekundärtexten abstrahieren und darlegen
(13) ebenso: das Spannungsverhältnis des „Sturm und Drang“ zur Aufklärung
(14) den Solidarisierungsprozeß der Autoren des „Sturm und Drang“ mit den gesellschaftlich Deklassierten erkennen und darstellen und – wenn möglich – bewerten
(15) Beurteilungsvarianten der „Sturm und Drang“-Epoche bei heutigen wissenschaftlichen Autoren nennen (fakultativ)
(16) am Text des Wagnerschen Dramas das Verhältnis zwischen gesellschaftlicher Realität und literarischer Fiktion feststellen und beschreiben
(17) die „offene Form“ des Dramas und andere formale Mittel anhand eines Sekundärtextes erkennen und beschreiben sowie mit den Strukturen des aristotelischen Theaters vergleichen
(18) das Problem des Kindesmordes als Normenkonflikt beschreiben und dieser bestimmten Epoche zuordnen
(19) die Gründe für die überharte Bestrafung unerwünschter und verhehlter Schwangerschaften erschließen und bewerten
(20) die vorgeschlagenen aufklärerischen und anti-aufklärerischen Lösungen zur Verhinderung von Schwangerschaft und Kindesmord darstellen und die zugrundeliegenden Einstellungen bewerten

Grobziele

(21) erkennen, daß die Benachteiligung der Frau in der Rigidität der Bekämpfung von unehelicher Schwangerschaft und Kindesmord kulminierte und ihren Höhepunkt zu überschreiten begann, als man diese Vergehen weniger streng inkriminierte

(22) die weiterwirkende Brisanz des Themas erkennen und an weiteren literarischen Beispielen festmachen

(23) den gegenwärtigen Bewußtseinsstand anhand literarischer Beispiele erkennen und bewerten sowie zu vorwegnehmender eigener Wertentscheidung fähig werden

(24) erkennen, daß die Behandlung literarischer Texte nicht möglich ist ohne Einsichten in den jeweiligen historisch-politischen Hintergrund und die sozioökonomischen Bedingungen

(25) erkennen, daß die Frage nach der Widerspiegelung gesellschaftlicher Hintergründe im literarischen Werk zugleich die Frage nach der Entstehung, Rezeption und Rezeptionsgeschichte dieses Werkes erforderlich macht

(26) das Verhältnis von Wirklichkeit und literarischem Abbild als dialektisch begreifen

(27) den Begriff „Strukturhomologie" kennen und die Homologie, die zwischen der gesellschaftlichen Problematik, der Autorenintention und der Rezeptionsdisposition des Publikums einerseits und den formalen Strukturen des Werkes andererseits besteht, an einigen Beispielen nachweisen

(28) die literatursoziologischen Fragestellungen und Methoden als Wege zu Erkenntnissen, die anders nicht zu gewinnen sind und dem Verständnis aufhelfen, erkennen und bewerten.

Die Fülle der angegebenen Lernziele deckt die *möglichen* Ziele ab, die auf den verschiedenen Wegen einer literatursoziologischen und formanalytischen Betrachtung erreichbar scheinen. Sie sind ein orientierendes Angebot und verpflichten nicht zur Vollständigkeit.

3 VERLAUFSDIAGRAMM

4.1 Einführung — G. A. Bürger: Verhör einer Kindsmörderin (SB, 7.3)

Vertiefung:
Heutige Problemlage
UNTERRICHT

Lektüre der „Kindermörderin"
von H. L. Wagner
HAUSAUFGABE

4.2 Erarbeitung literatursoziologisch orientierter Fragestellungen

4.3 Referat und Gruppenarbeit I: Das Bürgertum im 18. Jahrhundert°

1. Arbeitsgruppe
Die juristische Seite
des Problems
(SB, Kap. 8; 9.1)

2. Arbeitsgruppe
Wagner und die Gruppe des
„Sturm und Drang"
(SB, Kap. 5, 6, 7; 2.1*)°

AUSWERTUNG DER GRUPPENARBEIT

4.4 Gruppenarbeit II: Die Lage der ledigen Mutter und die strukturanalytische Erarbeitung des Wagnerschen Dramas

3. Arbeitsgruppe
Auswertung der zeitgenössischen
Quellen zur Lage der ledigen
Mutter in der Gesellschaft
(SB, Kap. 9)

4. Arbeitsgruppe
Wagners „Kindermörderin"
als Formproblem
(SB, Kap. 3*)

AUSWERTUNG DER GRUPPENARBEIT

4.5 Weiterwirken des Themas (fakultativ°)

4.6 Methodenreflexion (SB, Kap. 4)

* Stellen, an denen Texte des Lehrerheftes eingesetzt werden können.
° Dazu in beiden Teilen nicht voll ausreichendes Material.

4 ERLÄUTERUNGEN ZU DEN PHASEN DER UNTERRICHTSEINHEIT

4.1 Einführung

4.1.1 Lektüre der „Kindermörderin" von H. L. Wagner

Der Text sollte als Hausaufgabe mit den im Schülerband gegebenen Hilfen gelesen werden. Dazu können noch folgende, das Verständnis des Textes vorbereitende Fragen gestellt werden:

- Aus welchen Situationen, Ereignissen, Haltungen erwächst das Problem, der Konflikt?
- Wie beurteilen Sie die Relevanz des dargestellten Problems/Konflikts für einen heutigen Leser?
- Auf welche Verständnisschwierigkeiten stößt dieser Text heute?
- Welche Informationen müßten einem heutigen Leser zugänglich gemacht werden, um die genannten Situationen, Ereignisse, Haltungen innerhalb des Dramas als äußerst konfliktgeladene sowie die Aussageabsicht des Textes angemessen verstehen zu können?
- Was versprechen Sie sich persönlich von der unterrichtlichen Behandlung dieser Lektüre?

Sollten die Schüler in texterschließende Fragetechniken hinreichend eingewiesen sein, kann zusammenfassend gefragt werden:

- Formulieren Sie Fragen, mit deren Hilfe sich der Inhalt, die Problemlage, die Aussageabsicht sowie die Entstehungsbedingungen und der gesellschaftliche Kontext des Dramas aufschließen lassen?

Ziel dieser Arbeitsaufträge ist es, die in der Phase 4.2 erst zu thematisierende literatursoziologische Betrachtungsweise des Textes im Grunde indirekt, d. h. so zur Sprache zu bringen, daß die Schüler an sich selbst das Defizit verständnisrelevanter Informationen erfahren und von sich aus nach Materialien fragen, die den soziologischen Bedingungs- und Vermittlungszusammenhang zwischen der Epoche, dem Drama, seinem Sujet, seinem Autor und dem Leser zu klären vermögen.

LZZ 4, 24, 28, 11.

4.1.2 G. A. Bürger: Verhör einer Kindsmörderin

Siehe dazu den Abschnitt 7.3 im Schülerband, S. 127 f.

Arbeitsauftrag

- Sammeln Sie Belege zu den folgenden Fragen:
  - Worauf führt die Erdmann ihre Notsituation bis zur Geburt ihres Kindes zurück?
  - Weswegen beseitigt die Erdmann ihr Kind?

Es muß darauf geachtet werden, daß ein auf allgemeinere Begriffe gegründetes Ergebnis zustandekommt. Dies sollte in Partner- oder in Gruppenarbeit geschehen.

Vortrag der Ergebnisse, Auswertung.

Weiterer Arbeitsauftrag

- Stellen Sie Argumente zusammen, die nach Ihrer Meinung juristisch relevant für „mildernde Umstände" sprechen!

Für die *Diskussion* sollte durch Lehrer oder Schüler das StGB herangezogen werden.

Schlußeingabe: Die junge Frau, von der Bürger in diesem Text berichtet, wurde größter Wahrscheinlichkeit nach hingerichtet.

Erwartungshorizont: Problembewußtsein – Bewußtsein der Verstehensschwierigkeiten.

LZZ 7, 8, 18, 24

4.1.3 Vertiefung: Heutige Problemlage

Eingangsfrage:

- Welche Gestalt hat das Problem unerwünschten Nachwuchses heute?

Diskussion:

Erwartungshorizont: Die „Pille" – Abtreibung – Schutz der ledigen Mutter (gesetzlich, aber gesellschaftlich?) – Aufklärung (wie früh? wie gründlich?) – Sammlung von Argumenten aus der Diskussion um den § 218 (siehe dazu den Band aus der Reihe ‚de Gruyter – aktuell').

Vorschlag: Einladung einer städtischen oder kirchlichen Fürsorgerin oder eines Sozialarbeiters zu einem Vortrag über die Rolle der Sexualität bei Jugendlichen, insbesondere milieugeschädigten, mit anschließender Diskussion.

Dieser Vorschlag kann selbstverständlich durch anderes ersetzt werden.

LZZ 11, 23, 24.

4.2 Erarbeitung literatursoziologisch orientierter Fragestellungen

Erste Reaktionen der Schüler auf den Wagner-Text und die inhaltlichen Verbindungen zum Text von G. A. Bürger bilden den Schwerpunkt dieser Phase durch das Zusammentragen und Auswerten der Ergebnisse der Arbeitsaufträge zur Lektüre des Dramas. Es kommt dabei darauf an, all jene inhaltlichen Verstehenshindernisse zu bestärken und schließlich zu problematisieren, die sich auf den sozio-ökonomischen sowie geistesgeschichtlichen Kontext des Stückes beziehen. Ziel ist es, Wagners Drama problemorientiert in soziologische Fragestellungen einzuordnen, und zwar so, daß diese auf der Grundlage der Ergebnisse der Unterrichtsphase 4.1 von den Schülern im wesentlichen selbst initiiert und zu Problemkreisen zusammengefaßt werden.

In diesem Stück tötet eine ledige Mutter ihr Kind aus gesellschaftlich begründeten Ängsten. Ein gemeinsam erarbeiteter Fragenkatalog könnte etwa so aussehen:

Problemkreis 1: In welche geistigen Zusammenhänge gehört ein solches Literatur-Projekt? Für welche gesellschaftliche Schicht wird Kindermord und die Lektüre über Kindermord bedeutsam sein?

Problemkreis 2: Was sagen die Quellen der Zeit über die Verbreitung des realen Phänomens, über das Problembewußtsein? Inwieweit ist das ein Zeitthema?

Problemkreis 3: Wie konnte ein Autor hoffen, mit diesem Thema eine Resonanz zu finden (Publikumsinteresse – Autorenintention)? Wie kommt ein Autor zu solchem Sujet? Was wissen wir über die Wirkung?

Es muß deutlich werden, daß hier Fragen gestellt werden, die sich auf die allgemeinen soziologischen Bedingungen von Entstehung und Rezeption von Literatur sowie auf die individuellen Vorbedingungen für die Entstehung eines Werkes beziehen. Die Tatsache, daß sich die formulierten Fragen nicht so ohne weiteres beantworten lassen, soll zu eigenen Untersuchungen motivieren.

Die strukturanalytische Betrachtung des Werkes selbst sollte in dieser Phase noch nicht thematisiert werden, sondern bleibt einer späteren Phase vorbehalten.

LZZ 4, 24, 25, 28, 16 im Ansatz

4.3 Referat und Gruppenarbeit I: Das Bürgertum im 18. Jahrhundert

Referat

Voraussetzung jeder literatursoziologischen Arbeit ist die Kenntnis wenigstens der Umrisse der Epoche, in der das literarische Werk entstanden ist. Bei der allgemein zu beobachtenden Schwäche des historischen Bewußtseins wird eine Wiederholung der Grundlinien des ausgehenden 18. Jahrhunderts für notwendig gehalten.

Stichworte dazu:
Politisch: Aufgeklärter Absolutismus – Spätfeudalismus – Französische Revolution.
Geistig: Wirkungsfeld und Leistung der Aufklärung.
Wirtschaftlich: Soziale Lage von Adel, Bürgertum, Handwerk und den Unterschichten.

Das Ansetzen einer eigenen Arbeitsgruppe dürfte für dieses Vorhaben zu aufwendig sein, zumal dann auch noch Materialien, die über das Angebot von Schülerband und Lehrerheft hinausreichen, in größerer Zahl beschafft werden müßten. Wir setzen daher hier auf das Mittel des Vortrags – entweder durch einen rechtzeitig gewonnenen Schüler oder durch den Lehrer selbst.

Mögliche Quellen:
Wir verweisen auf einschlägige Werke aus dem Geschichts- bzw. Gemeinschaftskunde-Unterricht und auf verschiedene Hilfsmittel und Projekte des Deutschunterrichts. Darüber hinaus auf:
P. Lahnstein: Report einer guten alten Zeit.
H. Schlaffer: Der Bürger als Held.
W. H. Bruford: Die gesellschaftlichen Grundlagen der Goethezeit.
(Vollständige Angaben siehe Literaturverzeichnis.)

LZZ 5, 6, 7 (21, 24).

Gruppenarbeit

Arbeitsgruppen werden gebildet, die aus den Materialien des Schülerbandes (eventuell auch des Lehrerheftes) unter Zuhilfenahme einer Literaturgeschichte anhand von Leitfragen Ergebnisse gewinnen, referien und schriftlich zusammenfassen.

1. Arbeitsgruppe: *Die juristische Seite des Problems*
Arbeitsgrundlagen: Das Kapitel 8 (SB, S. 129 ff.) und den Abschnitt 9.1 (SB, S. 137 ff.), dazu das StGB.
• *Arbeitsauftrag:* Stellen Sie die juristische Seite des Problems dar, indem Sie die Strafbedingungen aus dem 16., dem 18., dem 19. und 20. Jahrhundert miteinander vergleichen. Was erfährt man aus den Quellen über die Gedanken der Zeitgenossen, wie dem Problem außerjuristisch abzuhelfen sei? Wie beurteilen Sie den Geist, der aus diesen Quellen spricht?

2. Arbeitsgruppe: *Wagner und die Gruppe des „Sturm und Drang"*
Arbeitsgrundlagen: Den Abschnitt 2.1 (SB, S. 69 ff.) und die Kapitel 5, 6 und 7 des Schülerbandes (vgl. S. 100 ff., 112 ff., 123 ff.); dazu Abschnitte aus J. Werner, W. Hinck und E. Schmidt aus dem Lehrerheft, eventuell eine Literaturgeschichte.
• *Arbeitsauftrag:* Welche Dichter versteht man unter der Gruppenbezeichnung „Sturm und Drang" (Lebensschicksale – Hauptwerke)? Welche Rolle spielte Goethe in dieser Gruppe? Welchen Stellenwert nahm das „Kindsmörderin"-Thema in dieser Gruppe ein (vgl. auch die Gestaltung in verschiedenen Literaturgattungen)? Ziehen Sie dazu auch den „Urfaust" (Auszug) und die „Soldaten" von Lenz heran. Versuchen Sie eine Beurteilung der Gruppe aus heutiger Sicht!

LZZ für die erste Arbeitsgruppe: 7, 8, 9, 10, 18–21.
LZZ für die zweite Arbeitsgruppe: 1, 2, 13, 14 (15).

Bei der Auswertung der Gruppenarbeit und des Referates sollte man vielleicht schon versuchen, ein Schwergewicht durch weiterführende Gedanken auf die Rolle der Frau zu lenken: auf ihre materielle, psychologische und sexuelle Unfreiheit, derer sie sich freilich nicht bewußt war.

Der Lehrer könnte auch die negative Beurteilung der Geniezeit, wie sie Arnold Hauser vornimmt[13], vortragen und den positiven Eindruck ein wenig relativieren, der beim Kennenlernen einer Intelligenz-Gruppe zweifellos entsteht, die sich besonders für die brennenden Probleme ihrer Zeit engagiert.

[13] Sozialgeschichte der Kunst und Literatur. München: Beck 1978. (Beck'sche Sonderausgabe) S. 605–607, 612–614, 630–632, 637.

4.4 Gruppenarbeit II: Die Lage der ledigen Mutter und die strukturanalytische Erarbeitung des Wagnerschen Dramas

Inhaltlich geht es in dieser Phase um die Aufarbeitung der übrigen Materialien des Schülerbandes, in denen die Lage der ledigen Mutter reflektiert wird, sowie um die strukturanalytische Erarbeitung des Wagnerschen Dramas. Die inhaltlichen Widerspiegelungen und die strukturalen Homologien, die zwischen der gesellschaftlichen Wirklichkeit und der fiktionalen Gestaltung bestehen, sollen einer Klärung nähergebracht werden.

3. Arbeitsgruppe: *Auswertung der zeitgenössischen Quellen zur Lage der ledigen Mutter in der Gesellschaft*

Arbeitsgrundlagen: Die im 9. Kapitel nach inhaltlichen Gesichtspunkten geordneten zeitgenössischen Dokumente zur sog. „Mannheimer Preisfrage“ (vgl. SB, S. 137 ff.).

Der Aufgabe darzustellen, wieweit sich Denken und Empfinden der Zeitgenossen in dieser humanitären Jahrhundertfrage den Problemen der Frauen geöffnet haben, ist wenig hinzuzufügen. Es sollte jedoch ein Augenmerk auf die Tatsache fallen, daß es wieder alles Männer waren, die sich zu diesem Problem äußerten. Wo blieb die Stimme der Frau? Und: Wie sehr wird auch hier deutlich, daß – auch wenn es um Hilfe geht – über die Frau wieder nur verfügt wird! Wie sehr gleichen manche gutgemeinten Vorschläge wieder nur einer neuen Form von ‚Vergewaltigung‘ (Arbeits- und Findelhäuser etc.)! Ein Blick sollte auch gerichtet werden auf das sprachliche Pathos der Anteilnahme, wie es insbesondere aus Pestalozzis Schreiben spricht.

LZZ 7, 8, 9, 19, 20, 21–24, 26.

4. Arbeitsgruppe: *Wagners „Kindermörderin“ als Formproblem*

Arbeitsgrundlagen: Die im Kapitel 3 wiedergegebenen Textauszüge (SB, S. 80 ff.) sowie – wenn nötig – Texte aus dem Lehrerheft.

- *Mögliche Arbeitsaufträge:* Vergleichen Sie die von der 1. Arbeitsgruppe geschilderte Realität mit dem fiktionalen Bühnengeschehen! Stellen Sie die Tendenzen des Autors heraus und zeigen Sie sein moralisches, u. U. sein gesellschaftskritisches Engagement in der Sprache des Textes.

Klären Sie die Frage, ob der Autor das Problem seines Stückes gesellschaftlich oder individuell begründet sieht!

Eventuell: Was bedeutet das Medium Bühne bei der Gestaltung eines Dramas im Vergleich zur Herausgabe eines Romans als Buch?

Stellen Sie die formalen Elemente des Dramas vor, indem Sie den Aufbau unter den Gesichtspunkten der aristotelischen Dramaturgie betrachten!

Untersuchen Sie Satzbau und Wortwahl in ausgewählten Beispielen unter dem Gesichtspunkt sozialer und psychologischer Differenzierung!

LZZ 4, 14, 16, 17, 18, 24, 25, 26.

Bei der Auswertung der Gruppenarbeit kulminiert das Unterrichtsvorhaben: Die Referate werden gehalten, diskutiert und aufeinander bezogen. „Literatur als Widerspiegelung gesellschaftlicher Verhältnisse“ und das „Drama der offenen Form“ dürften nunmehr keine Verstehensprobleme mehr enthalten. Vertiefend ist jedoch der Begriff „Strukturhomologie“ einzuführen und an diesem Beispiel zu prüfen – analog zur Erstverwendung bei Goldmann[14]. Auf den Beitrag von Conrady (LH, S. 29), inwieweit Dichter ihrer Zeit voraus sind oder sein können, sei in diesem Zusammenhang hingewiesen.

Übergreifende LZZ der Arbeitsphase 4.4 : 27, 28.

4.5 Weiterwirken des Themas (Wirkungsgeschichte)

Mit dieser Phase kann der engere literatursoziologische Ansatz der bisherigen Arbeit ausgeweitet werden in Richtung auf wirkungs- und motivgeschichtliche Fragestellungen. Vorschläge zur methodischen Realisierung sind im Kontext dieser Unterrichtseinheit nicht vorgesehen. Zu einer Werkreihe könnten verbunden oder ausgewählt werden: Lenz (Brecht): Der Hofmeister; Hacks' Bearbeitung der „Kindermörderin“; Hebbel: Maria Magdalena; Hauptmann: Rose Bernd; Wedekind: Frühlings Erwachen; Kroetz: Stallerhof/Oberösterreich; Wolf: Cyankali u. a. m.

[14] Nicht hier abgedruckt, aber leicht zugänglich in: L. Goldmann: Zur Soziologie des Romans. In: Texte zur Soziologie der Literatur. Stuttgart: Klett 1971. S. 102 f. Natürlich erreicht schulischer Unterricht hier seine Grenzen. Haben dem ausgehenden 18. Jahrhundert die Struktur der Dramen Lessings (Emilia Galotti) und des reifen Schiller (Die Braut von Messina) eher entsprochen als die der Dramen des „Sturm und Drang“? Bei Lessing ein „noch nicht“ – bei Schiller ein „nicht mehr“ an revolutionärem Umgestaltungswillen, auch in der Gesellschaft? Der „Sturm und Drang“ als Aufbruch und Übergang, als Experimentierfeld und Wagnis, als Orientierung nach draußen (Shakespeare, Richardson, Mercier) und gesellschaftlich nach „unten“? Und schnell verpufftes Feuer?

Die Wirkungsgeschichte der Wagnerschen „Kindermörderin" könnte in einem Sonderprojekt (Facharbeit?) „Rezeption der Zeitgenossen" bearbeitet werden; die unmittelbare Wirkung der Gesamtdiskussion in einer Darstellung des schnellen Wandels der Rechtsbestimmungen (vgl. W. Wächtershäuser: Das Verbrechen des Kindesmordes im Zeitalter der Aufklärung, siehe Literaturverzeichnis).

LZZ 11, 12, 21, 23, 24.

4.6 Methodenreflexion

Arbeitsgrundlagen: Die Texte des Kapitels 4 des Schülerbandes.

So einleuchtend die Verfahren im unmittelbaren Verwendungszusammenhang für die Schüler erfahrungsgemäß sind, zum Methodenbewußtsein und zur Methodendiskussion werden sie erst durch vertiefendes Eindringen in die Grundlagen der Arbeit, beispielsweise des Historikers im Umgang mit seinen Quellen (Wir alle sind, wenn wir uns Werken der Vergangenheit nähern, Historiker im kleinen). Die Bemerkungen von Schoeps zum „Zeitgeist" am Ende des Seiffert-Textes (SB, Text 4.1, S. 92) scheinen mir notwendig, um die Bedeutung der Autoren der Mannheimer Flugschrift zu würdigen. Goldmanns Text – leichter zu verstehen als der zur „Strukturhomologie" – warnt vor zu primitivem Materialismus in der Beziehung Autor / soziale Umwelt / Text und sollte dazu beitragen, den Vereinfachungstendenzen seitens der Schüler entgegenzuwirken, und unser ganzes Verfahren auch vor simpler Überschätzung des Geleisteten bewahren.

Es könnten auch Probleme des „Verstehens" (der hermeneutischen „Horizontverschmelzung") und der literarischen Kommunikation diskutiert werden. An ethischen Problemen interessierte Gruppen könnten an dieser Stelle auch Fragen der ärztlichen und pädagogischen Ethik diskutieren, ebenso die Frage nach dem Recht auf Glück u. a. m. An Themen dürfte es nicht mangeln, z. B. auch die zur Zeit versuchten Antworten der Kirchen und anderer Instanzen, die Einfluß auf die Jugend nehmen, zu dem hier angeschnittenen Problemfeld.

Methodische Hinweise werden hier nicht mehr gegeben. Problemorientierten Unterricht an leichteren wissenschaftlichen Sachtexten wird jede Lerngruppe selbst strukturieren müssen.

LZZ 24–28 vertiefend.

Man könnte einwenden: Was hat das alles noch mit der Beschäftigung mit Literatur im Deutschunterricht zu tun? Verläßt hier der Unterricht nicht seinen vorgegebenen Rahmen? Fühlt sich bei solcher Überschreitung der Grenzen der Lehrer nicht oft unbehaglich, weil überfordert oder nicht kompetent? Wenn möglich sollte dies in Kauf genommen werden angesichts der von den Schülern zu machenden Erfahrungen, daß es auf diesen Gebieten keine schlechthin gültigen Antworten gibt, daß der Lehrer wie die gesamte heutige Gesellschaft auf der Suche ist – auf einer Suche, die mit dem 18. Jahrhundert begonnen hat.

Diskussionen solcher Art können den Weg ebnen zu neuen literarischen Texten, die dann von den Schülern mit mehr Anteilnahme gelesen werden. Der Verfasser ist sich mit anderen Literaturdidaktikern jedenfalls darin einig, daß die Schule bei keiner Lektüre auf die interessegeleitete Verinnerlichung des jeweiligen Themas verzichten sollte. Der Schüler muß – anders als der Literaturstudent – merken, daß ‚seine Sache auf dem Spiel steht' – wenn er zur Lektüre scheinbar vergangener Texte überhaupt motiviert werden kann. Nur so kann sich erfüllen, was W. Benjamin in seinem vielzitierten Satz meint: „Denn es handelt sich ja nicht darum, die Werke des Schrifttums im Zusammenhang ihrer Zeit darzustellen, sondern in der Zeit, da sie entstanden, die Zeit, die sie erkennt – das ist die unsere –, zur Darstellung zu bringen. Damit wird die Literatur ein Organon der Geschichte, und sie dazu – nicht das Schrifttum zum Stoffgebiet der Historie – zu machen, ist die Aufgabe der Literaturgeschichte."[15]

[15] W. Benjamin: Literaturgeschichte und Literaturwissenschaft. In: Angelus Novus. Ausgewählte Schriften, Bd. 2. Frankfurt: Suhrkamp 1966. S. 456.

5 ZUSÄTZLICHE TEXTE

Erich Schmidt H. L. Wagner aus der Sicht der Goethe-Forschung des 19. Jahrhunderts*

Allmählich selbst zu grösseren dichterischen Versuchen schreitend, durfte er in dem Frankfurter genialen Kreise als ein dienendes Glied aus- und eingehen, zuhören, wenn Goethe neue Fragmente seines dämonischen Schaffens freundschaftlich zum besten gab, seinen eigenen spöttischen Witz spielen lassen und an dem grossen Lichte, das einen herrlichen Mittag verkündend glanzvoll aufgieng, sein bescheidenes Stümpfchen anzünden. Goethe nennt ihn in Dichtung und Wahrheit einen guten Gesellen, ohne ausserordentliche Gaben zwar, doch nicht ohne Geist, Talent und Unterricht, der ihnen als ein Strebender willkommen war. In dieser Stellung kam auch er mit manchen der berühmten Gäste, welche damals in dem „neuen Jerusalem" einkehrten, in Berührung. [. . .]

Der „Strebende" erwies sich unzuverlässig. Offenbar fehlte ihm die freudige Unterordnung unter die hinreissende Führerschaft Goethes; ein Zug von Grossmannssucht, unbewusst wol auch ein Bodensatz der alten poetischen Richtung, vor allem die Nörgelei, wie sie kleine Geister gern an grossen üben, und die Lust, selbständig stolze Husarenritte gegen die feindlichen Schaaren zu thun, trennten ihn von Goethe. Der äusserliche Hauptanlass des Zerwürfnisses, die Prometheusfehde, wird später ausführlich dargestellt werden. Es sollte ein Freundschaftsdienst sein und war eine gröbliche Indiscretion und Tactlosigkeit, die sich am schlimmsten gegen ihn selbst wandte. Aber diese Unbesonnenheit wäre verzeihlich, wenn nicht ein etwas früheres Stücklein seiner parodierenden Laune ihn geradezu als einen Feind in Goethes Hause blossstellte.

[. . .]

Zu den tiefsten und anziehendsten Aufgaben der Poetik gehört die Frage, wie der Dichter zu seinem Stoffe und zu einer bestimmten Behandlung desselben geführt wird. Das kann sehr innerlich und sehr äusserlich geschehen. Ein sprechendes Beispiel einer langsam aufdämmernden, bislang völlig gestaltlosen inneren Conception ohne äussere Stützen gibt uns Moritz im „Anton Reiser". Ein aufgefangenes Wort, ein Vers, ein Psalm kann im Kinde die grössten und wirksamsten Ahnungen anregen – [. . .]

Bei Wagner liegen im Gegentheil die erlernten äusseren Motive auf der Hand. Die Gegensätze und Reibungen zwischen dem biederen bürgerlichen Wesen und dem sittenlosen Leichtsinn der französischen Officiere in Strassburg waren ihm oft genug

* Erich Schmidt: Heinrich Leopold Wagner, Goethes Jugendgenosse. Jena: Verlag E. Frommann 1879. S. 17 f., S. 77 ff., S. 96, S. 116.

in die Augen gesprungen. Verwicklungen crimineller, vielleicht auch tragischer Natur blieben natürlich nicht aus. Lenz hatte in Strassburg ähnliches erfahren und war in einem Fall in die jämmerlichste Mitleidenschaft gezogen worden. Darüber später mehr. Zu greifbaren factischen Anlässen traten die oft und leicht benutzten Motive der ganzen grossen aufs bürgerliche gehenden Richtung Englands, Frankreichs, Deutschlands. Aber bleiben wir bei der ersten Cardinalfrage.

Ein Schlaftrunk hindert bei Wagner wie bei Goethe die Mutter, ihre Tochter zu hüten. Doch während Gretchen in vollster naiver Hingebung an den Geliebten zur Mitschuldigen wird, weiss Evchen von dem Schlafpulver gar nichts und wird selbst in einem Augenblicke der Schwäche von dem Manne, den sie vielleicht liebt, dem sie sich aber nicht willenlos überliefern würde, vergewaltigt. Das ist die ungeheure Kluft. Der Vorgang bei Wagner erinnert mich entschieden an Richardsons Clarissa [. . .]. Lovelace, dieses Ideal des Wüstlings, lockt Clarissen in ein schlechtes Londoner Haus, betäubt sie, als alle Verführungskünste fehlschlagen, durch Opium und thut ihr Gewalt an. Während Goethe nur den Schlaftrunk – gleichviel, woher – hat, übernahm Wagner aus Richardson auch das Local des Freudenhauses. [. . .]

Mit der eiskalten Tugendpuppe Clarissa haben Gretchen und Evchen keine Berührung, denn selbst die letztere ist kein nur duldendes Opferlamm. Aber auch dem Goetheschen Gretchen steht sie unendlich fern, denn solcher Zauber lässt sich nicht abborgen. Während Goethe die titanische Natur Fausts und die schlichte Naivität des Mädchens so wunderbar zusammenfügt, steht Wagner ganz auf dem Boden des bürgerlichen Dramas. Seine Eva ist ein Bürgermädchen der „empfindsamen Periode"; sie liest Romane und Youngs Nachtgedanken, streift bisweilen schon an die blasse Sentimentalität einer Luise Millerin und versteigt sich zu kraftgenialen Tiraden. – Zu Nutze hat sich Wagner die Brunnenscene zwischen Gretchen und Lieschen gemacht, die Bergmann wiederum mit einem volksthümlichen Strassburger „gschbräch" vergleicht. Lissel heisst auch das Humbrechtsche Dienstmädchen. Bei Goethe erzählt Lieschen von dem verführten und verlassenen Bärbelchen, die nun, ein Kind unter dem Herzen tragend, öffentlicher Busse und Schande entgegengeht. [. . .]

Jener englischen Technik zu Liebe wagte er es, die gemeine Vorfabel, den Grundfehler seines Stückes, als ersten exponierenden Akt vorzuführen. Weil für diese Technik nicht mehr bestand: *ne pueros coram populo Medea trucidet,* erfolgt der Kindesmord vor unseren Augen. Die Entschuldigung, er habe nur „für's Cabinet, für die denkenden Leser" geschrieben, ist eine nachträgliche Ausflucht.

Der ewige, gar nicht gebotene Nebengedanke an Goethes Faust hat bisher die meisten zu der Ungerechtigkeit verführt, die „Kindermörderinn" im Stillen immer an den Gretchenscenen zu messen. Da sind denn die einstimmigen Verdammungsurtheile begreiflich: „Jammerdrama . . . das an nackter Darstellung der Gemeinheit seines Gleichen sucht" (Appell), „ein Stück voll entsetzender Gemeinheit und Rohheit" (Gervinus), „greulich" (Julian Schmidt), „von unsäglicher Rohheit und

Geschmacklosigkeit . . . alles ist auf den gemeinsten und widerwärtigsten Boden übertragen" (Hettner). Den ersten Act und damit alle Voraussetzungen der Handlung, die fortwährend sich aufdrängen, gebe ich vollständig preis. [. . .]

[. . .] Die Goethianer schlugen der Convenienz und Peinlichkeit recht geflissentlich ins Gesicht. – Aber das Alles ist keine Entschuldigung oder gar Rechtfertigung für Wagners ästhetisch und ethisch gleich verdammungswürdige Rohheit. Doch hören wir ihn selbst, vielleicht kann uns seine Selbstvertheidigung milder stimmen; denn eine solche wollen doch die folgenden Stellen aus den „Briefen" (1777) sein (S. 234):

„Schmutzige Ideen zu erwecken ist nur dann erlaubt, wenn man dadurch Mittel gewinnt, das Laster verhasst zu machen, hässlich und abscheulich zu schildern. Wer ohne Noth und ohne Hoffnung, hier und da einen zu bessern, sich jenes erlaubt, ist ein Polisson, der nicht verdient in Gesellschaft gelitten zu werden" und S. 112: „Wenn ich so die abgeschmackte und übertriebne Delikatesse unsrer Zeitungen philosophisch überlege, so weiss ich nicht, soll ich darüber lachen, oder sie beweinen? Sie kommen mir allesammt kein Härchen besser vor, als die unerträglichsten aller weiblichen Geschöpfe, die sich spröd stellenden falschen Agnesen. Es giebt keine Gattung des Verbrechens, davon unser Jahrhundert nicht ein oder mehrere Beyspiele aufzuweisen hätte: Königsmörder sind geviertheilt, Vater- und Brudermörder geradbrecht, Kindermörderinnen unzählige enthauptet worden. . . . Und dennoch verdenkt mann's dem Dichter, der diese scheusslichen Laster brandmarkt, in ihrer ganzen Eckel und Abscheu erweckenden Blösse, sie andern zum Spiegel hinstellt, ihnen den Purpur oder die Lumpen, worunter sie sich verstecken, herabreisst. Da heisst das Eine ekelhaft: desto schlimmer für den, der es so findet! ein sichres Zeichen, dass er sich den Magen an einem ähnlichen Gericht einst überlud! – Das Andre ist abscheulich, schwarz: aber doch wahr? Was kann der Mahler dazu, wenn sein Portrait hässlich ist? so bald es gleicht, ist er gegen alle Vorwürfe gesichert. – Ein Dritter schreyt über *indecende,* und setzt den ganzen Begriff der Ehrbarkeit nur in Worten; will desto gesitteter erscheinen, je weniger er es ist."

Also unverständiger Realismus, die Abschreckungstheorie in der moralisierenden Tragödie, nicht etwa nur die rohe Lust am Gemeinen, von der man Wagner freilich nicht ganz rein waschen kann. [. . .]

[. . .] Wagner war eines von den forcierten Talenten, kräftig beanlagt und im Derben, Volksmässigen oft überraschend tüchtig, aber ungeschlacht, roh, geschmacklos und sich selbst durch gezwungenes Geniethum wie durch Zersplitterung feind, mehr höhnisch, als witzig, doch unläugbar zur Satire und zum bürgerlichen Drama berufen, während ihm andere Gattungen jeden Erfolg versagten; ein Strebender. Seien auch wir gegen diesen Strebenden gerecht.

Jürgen Haupt Zum sozialkritischen Begriff von „Natur"*

Das Revolutionäre im 18. Jahrhundert zeigt sich zunächst als ästhetisches Programm. Die alte aristotelische Formel von der „Nachahmung der Natur" in der Dichtung, immer wieder in Renaissance, Barock und Aufklärung als ästhetisches Credo nachgebetet, wird im „Sturm und Drang" zur Forderung nach rücksichtslosem Realismus im Sinne des Charakteristischen, Typischen. Man will nicht mehr die regelhafte Abbildung regelhaft zurechtgestutzter gesellschaftlicher Unnatur wie in Barock und Klassizismus. Der Begriff von „Natur" wird verändert in Richtung auf Wahrheit und Totalität, also keine ästhetisch-moralische Selektion mehr im Sinne der nur angenehmen, nur „schönen", nur „vernünftigen" Natur bei den Klassizisten Boileau, Batteux und ihres deutschen Schülers Gottsched. Zur radikalen Universalität des neuen Natur-Begriffs gehört auch und gerade die „häßliche" Natur, verteidigt z. B. von Goethe 1772 gegenüber der herrschenden Ästhetik (Sulzer-Kritik); Wagner rechtfertigt sich 1777: „. . . abscheulich, schwarz: aber doch wahr? Was kann der Mahler dazu, wenn sein Portrait häßlich ist? Sobald es gleicht, ist er gegen alle Vorwürfe gesichert." Gleichfalls auf der ethischen Ebene wird der Natur-Begriff radikal erweitert. Wagner wiederum, in der Rechtfertigung böser Charaktere in seinem Drama wie wenig später Schiller in seiner „Räuber"-Vorrede, liefert ein Resümee der Sturm- und Drang-Ethik: „Es ist aber doch Wahrheit, Natur, Charakter, wenn's auch böser Charakter ist."

Über die ästhetische und ethische Dimension hinaus wird in einer dritten Richtung der Natur-Begriff entscheidend erweitert: in sozialer Hinsicht. Der Aufklärer und der „Stürmer und Dränger" Wagner – kein Gegensatz – wendet den Natur-Begriff sozialkritisch gegen die deutschen Zustände, die Kindsmörderinnen möglich gemacht haben. „Wer wird zu sagen wagen, daß das Unglück, das ein Bauer oder ein Mann aus dem Volke erleidet, ein weniger beachtlicher Umstand ist, als wenn es anderen Menschen widerfahren wäre?" Dieser wahrhaft revolutionäre Satz stammt von Mercier, dem französischen Dramatiker, Theoretiker und Schüler Rousseaus und Diderots. Der Name Mercier fällt hier nicht zufällig: sein „Nouvel essai sur l'art dramatique" von 1773 ist im Jahre 1776 zuerst ins Deutsche übersetzt – von Wagner. Lenz und Goethe wollten sich ursprünglich an diesem wichtigen Übersetzungsprojekt beteiligen. So aber hat Wagner allein das Verdienst, die damals fortschrittlichste Literaturtheorie auch in Deutschland bekannt und anwendbar gemacht zu haben, ein Sieg des Bürgertums in der Literaturtheorie der neuen Tragödien-Gattung „Bürgerliches Trauerspiel", das aber einmal mehr nur die Niederlage des Bürgertums zum Inhalt hat. Mercier übernimmt vom frühen Rousseau den politisch gefüllten Natur-Begriff, was bei Wagner wiederklingt: „. . . erst dem Stand der unverderbten Natur wieder näher rücken!" [. . .]

* Jürgen Haupt: Die Kindermörderin. Ein bürgerliches Trauerspiel vom 18. Jh. bis zur Gegenwart. Orbis Litterarum 32/1977. S. 289 ff.

Durch Mercier und seine deutschen Anhänger Lenz, Wagner, den jungen Goethe und Schiller kommt es zur Politisierung des bürgerlichen Trauerspiels, vorbereitet allerdings schon durch Lessing. Die Szene wird zum Tribunal für die oberen Stände. Der Moralist Mercier will den Dramatiker zum „Dolmetscher der Unglücklichen" machen – „les malheureux sont sur la terre" –, die Unglücklichen sind auf der Erde, sie sind weder im christlichen Märtyrerhimmel noch in Adelspalästen zu suchen, wie die „tragédie classique" suggerierte. Der „citoyen" Mercier weiß: „Die Quelle aller dieser Übel (wie der Kindsmörderin) steckt in der schlechten Staatsverfassung." Der scheinbar private Konflikt in der bürgerlichen Familie soll zum politisch-öffentlichen werden, vermittelt durch die „literarische Öffentlichkeit": „mit den Erfahrungen einer intimisierten Privatsphäre gleichsam im Rücken bietet sie der etablierten monarchischen Autorität die Stirn" (Habermas).

Der aus der französischen Aufklärung stammende radikalisierte Natur-Begriff spielt in der zeitgenössischen Rezeption von Wagners „Kindermörderin" eine zentrale Rolle; hier scheiden sich die unterschiedlichen Selbstauffassungen von „Aufklärung" im 18. Jahrhundert in Deutschland. Johann Georg Schlosser, Schwager Goethes und gleichfalls „Stürmer und Dränger", lobt enthusiastisch – im Sinne Schillers – die „veredelte menschliche Natur" des „selbst bei ihrem Verbrechen noch großen Mädchens" Evchen. Zwiespältig dagegen ist das Urteil eines Freundes von Lessing, des Aufklärers Johann Joachim Eschenburg: Bei aller Entrüstung über die vermeintliche Unsittlichkeit dennoch das Zugeständnis, Wagner habe „sehr viel Talent in der treuen Nachahmung der Natur", gefolgt allerdings von einer charakteristischen Zurücknahme: „Freilich sind die (. . .) Züge oft zu kühn, und wir möchten fast sagen gar zu natürlich . . ." Prägnanter ist die Differenz zwischen radikalem Realismus des „Sturm und Drang" und dem tugendhaft gehemmten Realismus der Lessing-Zeit nicht zu bezeichnen! Von hier ist es aber nochmals ein Sprung zur philiströs-moralischen Verurteilung: Der tugendhafte Rezensent der „Göttingischen Anzeigen von gelehrten Sachen" (1777) legt Wagners Drama „fast mit Unwillen beiseite, da wir in dem ersten Auftritte uns in einem sehr niederträchtigen Hause fanden". Aber sogar hier ein Zugeständnis, wenn auch nur auf dem traditionellen „Naturnachahmungs"-Gebot Gottscheds fußend und aus dessen moralisch-didaktischer Perspektive: das Stück habe „. . . viele Natur und eine nützliche Absicht". Wie die Natur-Begriffe so differieren die Moral-Begriffe; beide Kategorien sind aufeinander bezogen, sowohl in der früheren wie in der späteren Aufklärung – mit unterschiedlichen Inhalten. Wagner hat auf den „überall durchscheinenden hohen moralischen Zweck" gerade auch des berüchtigten ersten Aktes bestanden. „Natürlich" und „moralisch" sind für ihn keine Gegensätze, vielmehr: weil etwas natürlich ist, ist es moralisch: die moralische Verpflichtung des Menschen zu seiner Natürlichkeit.

Den radikalen Natur- und Moralbegriff der „Stürmer und Dränger" kann und will das deutsche Bürgertum des 18. Jahrhunderts nicht akzeptieren. Das „Natürliche“, an sich eine zentrale bürgerliche Forderung nach Legitimierung seiner eigenen Umwelt und Bedürfnisse, steht in latentem bis offenem Gegensatz zur empfindsamen, bürgerlich „zivilisierten“ Moral, auch wenn fast das ganze 18. Jahrhundert vom Ruf nach „Natur“ wiederzuhallen scheint. Noch bei Diderot und Lessing als Autoren des bürgerlichen Trauerspiels wird der Realismus subtil gebremst durch Rücksicht auf empfindsame Familienmoral. Das Natürliche, speziell als Sinnlich-Erotisches, wird vom (pietistischen) Puritanismus verdrängt, tabuisiert und nur als „Phantasiesünde“ goutiert, Wesensmerkmal einer dezidiert bürgerlichen „Empfindsamkeit“, die eine spezielle Form des erotischen Erlebnisses ausbildet: „Sie bleibt bei den Momenten äußerer und innerer Hemmung stehen, um . . . den Rausch des Schmerzes und der Erschütterung zu genießen, das nur der passiven, leidenden Seele zugänglich ist“ (Hugo Friedrich).

Was hinter dem ästhetischen Feiern der jungen „Genies“, der Ausnahme-Individuen, verbrämt wird im Bürgertum und in seiner Literaturkritik, das ist die Furcht vor dem radikalen Natürlichkeits-Anspruch. Der „Sturm und Drang“ ist im deutschen Bürgertum offenbar mehr gefürchtet worden als unsere Literaturgeschichten, die die Straßburger und Sesenheimer Idyllen feiern, wahrhaben wollen. Poetisches „Werther“-Schwärmen und romantische Nachtstimmungen des „Sturm und Drang“ werden bejaht, um desto sicherer das wirklich Radikale an ihm als ‚Übertreibung‘, als ‚Krassheit‘ abtun zu können. Rührung, Mitleiden, die „sich selber fühlende Menschlichkeit“ (Lessing) hört das mittelständische Publikum aus den bürgerlichen Trauerspielen heraus – das antihöfische wie antibourgeoise Element von geradezu revolutionärer Selbstverwirklichungssuche überhört es! Die Literatur des 18. Jahrhunderts stößt nicht zuletzt mit Wagners „Kindermörderin“ und ihres schonungslosen Realismus an die Grenzen der Aufnahmewilligkeit des deutschen Bürgertums; Wagner beklagt in einer Selbstrezension (1777) „unsere ekeln tugendlallenden, hyperempfindsamen Zeiten“. Die Verdrängung Wagners setzt also schon im 18. Jahrhundert ein, gelenkt durch die Instanz der „Literaturkritik“.

Leo Kreutzer Zur Frage der Dramentechnik im „Sturm und Drang“*

„Dramaturgisches Lenkungsprinzip“ in den beiden „Komödien“[16] ist vielmehr, darauf hat Eckart Oehlenschläger mit Nachdruck hingewiesen, der Zufall.

„Einzelne Szenen zu analysieren, fällt nicht schwer. Schwieriger ist schon die Frage zu beantworten, ob eine Komödie, die sich unter solchen Bedingungen realisiert, ungeachtet ihrer szenischen Bravour im einzelnen, als ganze stringent

* Leo Kreutzer: Literatur als Einmischung. In: Sturm und Drang. Hrsg. von Werner Hinck. Kronberg: Athenäum 1978 (Athenäum TB 2133). S. 213 ff.

[16] „Der Hofmeister“ und „Die Soldaten“.

konstruierbar und von ihren eigenen Prämissen her schlüssig zu Ende zu führen ist. Auch der Zufall als dramaturgisches Organisationsprinzip verlangt, wenn schon nicht Notwendigkeit, so doch mindestens interne Plausibilität, um nicht in glatte Beliebigkeit umzuschlagen."

In einem Briefwechsel mit Walter Höllerer über *Dramaturgisches* hat Max Frisch das Problem des Zufalls als das eines nichtaristotelischen Theaters beschrieben, eines Theaters, das mit einer „Dramaturgie der Fügung, Dramaturgie der Peripetie" nichts mehr anfangen könne, mit einer Dramaturgie also,

„die immer den Eindruck zu erwecken versucht, daß eine Fabel nur so und nicht anders habe verlaufen können, das heißt, sie läßt als glaubwürdig nur zu, was im Sinne der Kausalität zwingend ist; sie will und kann den Zufall nicht plausibel machen."

Als Frage einer Dramaturgie „ohne Fügung" bleibe mithin:

„Wie wäre Beliebigkeit eines Handlungsverlaufs, die Negation der Zwangsläufigkeit dramaturgisch zu installieren? – und zwar so, daß der Zufall, der den wahrscheinlichen Verlauf unterbricht und einen anderen einleitet, plausibel wird, ohne dabei als Signal himmlischer Vorsehung zu erscheinen?"

Indem Lenz in der Konstruktion seiner Komödien den Zufall spielen läßt, bricht er, im Zeichen Shakespeares, in der Tat am nachhaltigsten mit einer aristotelischen Dramaturgie, gründlicher noch als durch die rabiate Beseitigung der „Außenwerke" dieser Dramaturgie, also durch seine grobe Mißachtung ihrer Regeln, vor allem der drei Einheiten und der Lehre, die Tragödie sei Nachahmung einer Handlung, die Komödie aber die eines Charaktertyps. Lenz entzieht sich einer „Dramaturgie der Fügung", indem er den Zufall konsequent zum „dramaturgischen Lenkungsprinzip" seiner Komödien macht.

[. . .]

Lenz fehlen sowohl zwei Jahrhunderte als auch – er hat seine Stücke nie auf der Bühne gesehen – zwei Jahrzehnte Erfahrung mit nicht-aristotelisch intendiertem Theater. Mit dem Zufall geht er völlig unbefangen um. Er vertraut auf dessen Resistenz gegenüber der Gefahr, auf dem Theater als Signal einer Fügung zu erscheinen, er verlangt von ihm keinerlei „interne Plausibilität". Er nimmt die Beliebigkeit der Zufälle glatt hin, mit denen er – von unverhofften Begegnungen bis hin gar zu einem Lottogewinn – seine Fabeln ins Ziel bringt. Er sucht ihnen gar nicht „intern" eine Plausibilität zu verleihen, die sie extern, also wohl in korrelierenden gesellschaftlichen Zuständen, nicht haben. [. . .]

K. O. Conrady Zur Frage, ob Dichter ihrer Zeit voraus sein können*

Was der junge Goethe dann selbst auszudrücken vermag, ist natürlich Ergebnis persönlicher Fähigkeit (denn warum haben unter ähnlichen Bedingungen nicht mehr Angehörige der damals jungen Generation so geschrieben?), aber es ist zugleich Fortbewegung und Erweiterung des Selbstverständnisses der innerhalb des Bürgertums selbst nach Tätigkeit und Selbstverwirklichung drängenden Kräfte. Für die Lyrik Goethes darf pointiert gesagt werden: Hier wird *ideologischer Überschuß* geschaffen. Denn es ist keineswegs so, daß das vom jungen Goethe und anderen gebildeten Bürgern Ausgedrückte, ihr Denken und Fühlen übereinstimmte mit den Vorstellungen der in Wirtschaft, Handel und Handwerk tätigen Bürger und deren Erwartungen. Aber dieser *ideologische Überschuß* seinerseits kann dort, wo er aufgenommen wird, eine Erweiterung und Verstärkung des Selbstgefühls und in die Welt ausgreifender Aktivität bewirken helfen.

Ideologischer Überschuß soll heißen: Innerhalb des Bürgertums selbst artikulieren Autoren Erfahrungen, Wünsche, Entwürfe, die über bisher geltende bürgerliche Normen hinausreichen, ohne daß ein mächtiger sozio-ökonomischer Prozeß solche Ausprägungen zwingend hervorbrächte und ohne daß diese Literatur selbst auf eine grundsätzliche Veränderung der bestehenden sozio-ökonomischen Verhältnisse zielte, allerdings auf eine Verbesserung für die nichtadligen Schichten, Ausschöpfung der potentiell angelegten Möglichkeiten des sich selbst sozusagen auskundschaftenden Bürgers geschieht. [. . .]

Ute Drevins Zum „Kindsmörderin"-Motiv in der Ballade**

[. . .] Es ist [. . .] offensichtlich, daß Bürger mit seinem Volksbegriff zwar alle Stände „von Pharao an bis zum Sohn der Magd hinter der Mühle", eben die „Paläste" wie die „Hütten" umfaßt, auch unter „Volk" „mitnichten den Pöbel allein" verstanden wissen will, daß seine Sympathien jedoch eindeutig den unteren Schichten gelten. Seine Polemik gegen die Gelehrtendichtung der Aufklärung sollte eben nicht nur die „höhere Lyrik" treffen, sondern auch die aus moraldidaktischer Absicht mit dem Blick von oben nach unten geschriebene Erbauungsliteratur: Nicht nur Herablassung wurde verlangt („Steiget herab von den Gipfeln eurer wolkigen Hochgelahrtheit, und verlanget nicht, daß die vielen, die wir auf Erden wohnen, zu euch wenigen hinaufklimmen sollen"), sondern darüber hinaus unmittelbare Verbundenheit, aktives Eingehen auf die Bedürfnisse des Volkes. [. . .] Der brisantere Konfliktstoff der Kindesmörderin findet sich ebenfalls in der Volksdichtung, vor

* K. O. Conrady: Zur Bedeutung von Goethes Lyrik im Sturm und Drang. In: Sturm und Drang (Athenäum TB 2133). S. 108 f.

** Ute Drevins: Volksüberlieferung und Gesellschaftskritik in der Ballade. In: Sturm und Drang (Athenäum TB 2133). S. 117 ff.

allem aber im Bänkelsang, der mit den weitverbreiteten Hinrichtungsliedern den „Sturm-und-Drang"-Dichtern stoffliche und gestaltungsmäßige Impulse geben konnte, dessen literarische Einflußmöglichkeiten jedoch wegen der plakativen Moral- und Vergeltungsforderungen deutlich begrenzt waren. Die rechts- und sozialgeschichtlichen Zusammenhänge, welche die literarische Aktualisierung des Kindesmörderin-Problems gerade zu diesem Zeitpunkt erklären helfen, zeigen einmal mehr die enge Verbindung der „Stürmer und Dränger" zum Gedankengut der Aufklärung. Die Auseinandersetzung, die in Deutschland in der zweiten Jahrhunderthälfte um das Kindesmord-Delikt geführt wurde, steht in unmittelbarem Zusammenhang mit der europäischen Aufklärungsdiskussion, in deren Rahmen man unter Berufung auf die Naturrechtslehre begonnen hatte, die aus dem Mittelalter überkommenen Regelungen staatlicher Rechtsprechung und Gewaltanwendung in Frage zu stellen und neue, humane, der Einzelpersönlichkeit gerecht werdende Prinzipien im Strafrecht zu fordern. In Deutschland hat Friedrich II. von Preußen als erster (und für lange Zeit einziger) entsprechende strafrechtliche Konsequenzen gezogen. Seine – unmittelbar von Voltaire beeinflußten – Reformmaßnahmen zur Verhütung des Kindesmords (v. a. D. die Edikte von 1756 und 1765) stellen dann auch mit ihrer „Verbindung von strafrechtsphilosophischen und sozialpolitischen Gedanken" (Abschaffung der Unzuchtsstrafen und damit Reduzierung des Motivs der Schande, Vorschriften zur Vorbeugung) „einen eminent fortschrittlichen Standpunkt" dar. Jedoch bleibt festzuhalten, daß in den übrigen deutschen Staaten immer noch die Gesetze der Constitutio Criminalis Carolina von 1532 mit der Bestrafung der Unzucht, der Legitimation der Folter und den besonders grausamen Strafen für Kindesmord Geltung hatten und teilweise auch noch angewendet wurden. Wie wenig die gesetzlichen Maßnahmen der konkreten – eben primär sozialen – Problematik gerecht werden konnten, zeigt die im Zusammenhang mit weitreichenden Umschichtungen in der Bevölkerungsstruktur (rapides Bevölkerungswachstum, Land-Stadt-Bewegung, Zunahme des Bedientenstandes, Vergrößerung der stehenden Heere) zu beobachtende Zunahme des Delikts gegen Ende des Jahrhunderts.

Die „Sturm-und-Drang"-Dichter nun brachten die Kindesmörderin-Thematik aus der rechtsphilosophischen Diskussion und den juristischen Kanzleien bzw. dem Umkreis des Jahrmarkts an die literarische Öffentlichkeit. Mußte schon das Thema selbst Betroffenheit bei dem – vorwiegend eben bürgerlichen – Publikum hervorrufen, um wieviel mehr die provokative Gestaltung (Schiller) oder die Verknüpfung mit anderen konfliktträchtigen Motiven (Bürger). Schiller, dessen *Kindsmörderin*[17] hier exemplarisch für eine Reihe ähnlicher Behandlungen des Themas stehen soll (Stäudlin, Schink, Sprickmann, Meißner), wählte mit dem den Hinrichtungsliedern entnommenen Rollenmonolog eine Aussageform, die eine exzessive, schockierende Ichaussprache ermöglichte. Die Bilder aus der Vergangenheit, welche die Verurteilte kurz vor dem Tode bestürmen, vergegenwärtigen in den abrupten Vorstellungs- und

[17] Siehe SB, S. 118.

Stimmungswechseln, der Enthüllung der – sich dann auf das Kind übertragenden – ambivalenten Beziehung zum Verführer, den selbstquälerischen Visionen vom Treuebruch, den Anklängen von geistiger Umnachtung zum Tatzeitpunkt die zerrüttete psychische Situation in bedrängender Weise (sprachlich realisiert im typisch emphatischen „Sturm-und-Drang"-Stil mit dem gehäuften Gebrauch von Naturbildern, mythologischen Metaphern, Oxymora, Interjektionen, Antithesen, Ellipsen u. ä.). Gleichzeitig enthüllt sich hier jedoch auch eine im Lieben wie im Hassen, in der Hingabe wie in der Rache gleichermaßen unbedingte Leidenschaftlichkeit, die nur mühsam durch die (in den Anfangs- und Schlußstrophen einfließenden) zeitgenössischen Tugendpostulate eingedämmt werden kann. Die naive Art, in der Louise eingangs diese repressiven ethischen Normen reproduziert, läßt erst das ganze Ausmaß der seelischen Konflikte erahnen; die letzte Strophe dagegen steht mit ihrer aufdringlichen, in bänkelsängerischer Manier vorgetragenen Morallehre in krassem Gegensatz zur bisherigen, so differenzierten psychologischen Darstellung und nimmt damit ein Großteil der bewußtseinserweiternden Tendenzen der Ballade wieder zurück. Während bei Schiller die individualpsychologischen Beweggründe im Mittelpunkt des Interesses stehen, rückt bei Bürgers – in Form und Stil sich mehr an die Volksdichtung anlehnenden – Behandlung des Kindesmörderin-Motivs die soziale Problematik ins Zentrum. [. . .]

[. . .] *Des Pfarrers Tochter zu Taubenhain*[18] ist Bürgers parteilichste Ballade, provokativ in der Unmittelbarkeit, mit der Rosettes Leiden und Wahnsinn, mit der Handeln und Gesinnung des skrupellosen Verführers wie des unmenschlichen Vaters dargestellt werden. Die – an die Volksballade anknüpfende – Transponierung in die Ritterzeit tut dieser Unmittelbarkeit keinen Abbruch, verweist doch die Beschreibung des protestantischen Pfarrhauses deutlich ins 18. Jahrhundert und gehört doch auch Rosette mit ihrer rousseauschen Naturverbundenheit wie mit ihrer verzweifelten Auflehnung in den zeitgenössischen (literarischen) Umkreis. Politisch-gesellschaftliche Brisanz erhält die Darstellung durch die in der Realität so nicht vorgegebene Verknüpfung des Verführungsmotivs mit dem Motiv des Standesgegensatzes, wodurch die Kritik an der Gewissenlosigkeit des Verführers zur Kritik an der Skrupellosigkeit der herrschenden Klasse erweitert wird. In der Person des patriarchalisch-grausamen Vaters werden gleich mehrere Tabus berührt. Zum einen stellt Bürger hier die literarische Gestalt des edelmütigen, toleranten Hausvaters, und damit die bisherige bürgerliche Selbstdarstellung, in Frage und verweist auf die tatsächlichen Konflikte in den – ganz der Autorität bzw. Willkür des Familienoberhaupts unterworfenen – bürgerlichen Familien. Gleichzeitig entlarvt er aber auch einen Repräsentanten der Kirche: Das Versagen des Pfarrers wiegt ungleich schwerer als das der einfachen Gläubigen in der *Lenore,* denn es offenbart die konservative, durch enge Moral- und Gehorsamkeitsforderungen den Ständestaat stützende Rolle der Geistlichkeit.

[18] Siehe SB, S. 112.

Klaus Gerth Zur Bewertung des „Sturm und Drang"*

Es hat sich eingebürgert, die Bewegung [des „Sturm und Drang"] als Fortschritt auf dem Wege zur Klassik zu sehen. Sie habe, sagt man, die Aufklärung „überwunden" und ersetze den „bloßen" Rationalismus durch reichere menschliche Möglichkeiten. Wer so urteilt, übernimmt die Selbsteinschätzung der Stürmer und Dränger, junger Leute, die sich später reservierter äußerten. Er stellt sich in die bedenkliche aufklärungsfeindliche Tradition der deutschen Geistesgeschichte. Der englische Soziologe A. Hauser denkt da ganz anders; er hält die Stürmer und Dränger für eine „Gruppe von weltfremden Schwärmern und närrischen Außenseitern". Auch diese extreme Position läßt sich nicht halten. Entweder hat Hauser nicht genau genug gelesen oder er verzeiht den Stürmern und Drängern nicht, daß sie, selber Exponenten einer bürgerlichen Bewegung, gegen die Aufklärung Front machten, die ja nichts anderes war als der Versuch der politischen, sozialen und wirtschaftlichen Emanzipation des Bürgertums. Aber die Aufklärung stand in Deutschland unter besonderen Bedingungen, die man berücksichtigen muß.

Im 18. Jahrhundert löst die bürgerliche Kunst die aristokratisch-höfische ab. England, wirtschaftlich und politisch am weitesten fortgeschritten, geht dabei voran; Deutschland, in zahlreiche absolutistische Mittel- und Kleinstaaten aufgespalten und noch immer unter den Nachwirkungen des 30- und des 7jährigen Krieges leidend, liegt weit zurück. Zwar gewinnt das Bürgertum – zumal in den freien Reichsstädten des protestantischen Nordens – immer mehr wirtschaftlichen Einfluß, aber von der Teilhabe an der politischen Macht bleibt es ausgeschlossen. Es gerät in Gefahr, den Kontakt zur gesellschaftlichen Wirklichkeit zu verlieren und Macht und Größe in einem inneren Reich zu suchen, wie es Schiller 1797 ausdrücklich bestätigt. [. . .]

[. . .] Goethe hat dieses Lebensgefühl, aus dem auch der *Werther* hervorging, mit der gesellschaftlichen Lage erklärt: „von außen zu bedeutenden Handlungen keineswegs angeregt, in der einzigen Aussicht, uns in einem schleppenden, geistlosen, bürgerlichen Leben hinhalten zu müssen . . ." Dazu kommt das Fehlen einer Hauptstadt und einer Nation: „Wir arbeiten in Deutschland wie in jener Verwirrung Babels; Sekten im Geschmack, Parteien in der Dichtkunst, Schulen in der Weltweisheit streiten gegeneinander: keine Hauptstadt und kein allgemeines Interesse . . ." (Herder). Zwar verdoppelte sich die Zahl der Autoren von 3000 im Jahre 1773 auf 6000 im Jahre 1787, ähnlich die Buchproduktion, 1759: 1405 Werke – 1786: 2070 Werke, aber diese Ausbreitung des literarischen Lebens konnte das Fehlen von Zentren wie Paris oder London nicht ersetzen. [. . .]

Man lehnt also die eigene Gegenwart ab und orientiert sich an vermeintlich goldenen Zeitaltern der Frühe. Man kritisiert eine Aufklärung, von deren realen

* Klaus Gerth: Die Poetik des Sturm und Drang. In: Sturm und Drang (Athenäum TB 2133). S. 55 f.

politischen Möglichkeiten man in Deutschland ausgeschlossen blieb. Man setzt Pathos und Emotionalität gegen den „wählerischen und zurückhaltenden Intellektualismus der oberen Schichten“ (Hauser):

„. . . Doch während in Frankreich und England das Bürgertum sich seiner klassenmäßigen Situation bewußt blieb und die Errungenschaften der Aufklärung nie vollkommen preisgab, kam das Bürgertum in Deutschland ins Fahrwasser des romantisch-irrationalen Denkens, bevor es noch die Schule des Rationalismus durchgemacht hatte. Womit nicht gesagt ist, daß in Deutschland der Rationalismus als Schuldoktrin keine Vertreter hatte; auf den deutschen Universitäten war die Lehre vielleicht sogar noch stärker vertreten als anderswo; sie blieb aber eben eine Schuldoktrin, die Spezialität von Fachgelehrten und akademischen Dichtern. Nie hatte dieser Rationalismus das öffentliche Leben, das politisch-soziale Denken der breiten Schichten, die Lebenshaltung des Bürgertums vollkommen durchdrungen.“

Dies erklärt auch, warum es nur in Deutschland einen Sturm und Drang gegeben hat. In England nahm das Bürgertum aufgrund von Geschichte und Erbgesetzen (Adlige, die den Titel nicht erbten, wurden bürgerlich) an der Macht teil; hier vollzog sich der Übergang zur Romantik allmählich und ohne merkliche Erschütterungen. Frankreich hatte seine politische Revolution, sie machte eine literarische überflüssig.

Aber es gab auch andere als machtpolitische Gründe. Die Poetik der Aufklärung war in Deutschland in ein akademisch-pedantisches Fahrwasser geraten, das Angriffe geradezu herausforderte. Außerdem hatten sich in den tradierten ästhetischen Vorstellungen nicht nur rationale, sondern auch höfisch-aristokratische Konzeptionen von Kunst gehalten (Regelmaß, Symmetrie, Dekoration, additive statt organischer Bauform, Distanz statt Ausdruck). Im Angriff auf sie versuchte die neue kulturtragende Schicht, sich ihrer Eigenart und Selbständigkeit zu versichern.

Allerdings führt der vereinfachende Gegensatz „rational – irrational“ in die Irre. Dazu hat der Name „Sturm und Drang“ vermutlich mehr beigetragen als die von den Autoren vertretene Sache. Man lese Herder, der sich 1769 im 4. *Kritischen Wäldchen* über den „Unsinn“ einer „prächtig, verworrenen Sprache vom fast Göttlichen, von Fülle und Schwung der Seele, von höherer Region über der gewöhnlichen Sphäre usw.“ lustig macht, oder man folge seinen kritischen, argumentierenden und logisch entwickelnden Analysen in diesem Buche. Gewiß legen die Stürmer und Dränger die Akzente in ihrer Poetik mehr auf die emotionalen Kräfte, aber sie tun dies nicht in blinder Irrationalität, sondern überlegt und begründet. Gewiß lehnen sie auch die Regelpoetik der Aufklärung ab; nur proklamieren sie nicht Regellosigkeit, sondern entdecken und vertreten neue „Regeln“ und Formen. Dabei haben sie überdies so zahlreiche Vorläufer, daß die Übergänge eher fließend als abrupt sind.

[. . .]

Wenn Winckelmann, Mendelssohn, Lessing oder Sulzer die „Schönheit" dem „Ausdruck" vorziehen, so spiegelt das noch die Lehre von der Nachahmung der „schönen Natur" wider. Der Sturm und Drang sucht demgegenüber das „Charakteristische" (= Ausdruck) – Ergebnis einer neuen Auslegung des „Nachahmens".

Keine Rede davon, daß die neue Generation die Naturnachahmung abgelehnt hätte. Sie hat nur etwas anderes darunter verstanden als Gottsched, Pope oder Batteux. „Was in einem solchen Grade die Natur selbst ist", fragt Gerstenberg angesichts der Shakespeareschen Dramen, „wie kann das *schöne Natur* sein?" Die „Natur", die auch Goethe oder Herder bei Shakespeare beobachten und die sie von der Dichtung verlangen, ist jetzt – wie Lenz es ausdrückt – die „Nachahmung . . . aller der Dinge, die wir um uns herum sehen, hören et cetera, die durch die fünf Tore unserer Seele in dieselbe hineindringen . . . Man könnte sein Gemälde mit der Sache verwechseln." Gerstenberg nennt diese Art der wirklichen Mimesis „nachbilden" („der höchste sinnliche Ausdruck, der die Illusion erreicht").

Konsequenterweise gilt dafür nicht mehr das Ideal der Schönheit, sondern des „Charakteristischen":

„nach meiner Empfindung schätz ich den charakteristischen, selbst den Karikaturmaler zehnmal höher als den idealischen, hyperbolisch gesprochen, denn es gehört zehnmal mehr dazu, eine Figur mit eben der Genauigkeit und Wahrheit darzustellen, mit der das Genie sie erkennt, als zehn Jahre an einem Ideal der Schönheit zu zirkeln, das endlich doch nur in dem Hirn des Künstlers, der es hervorgebracht, ein solches ist" (Lenz).

Auch für Goethe ist die charakteristische Kunst „die einzig wahre", und nach Herder realisiert sie sich im (zugleich historisch verstandenen) „Individuellen".

Sie unterliegt nicht mehr den hergebrachten „Regeln" (den bekannten „drei Einheiten", Ständeklauseln, Stilebenen, Eigenschaften der Fabel u. a. m.), sondern dem Bemühen um eine Gehalt-Gestalt-Einheit, wie sie von der „inneren Form" hervorgebracht wird:

„du mußt den ganzen Ton deiner Empfindung in den Perioden, in der Lenkung und Bindung der Wörter ausdrücken: du mußt ein Gemälde hinzeichnen, daß dies selbst zur Einbildung des andern ohne deine Beihülfe spreche, sie erfülle und durch sie sich zum Herzen grabe; du mußt Einfalt und Reichtum, Stärke und Kolorit der Sprache in deiner Gewalt haben, um das durch sie zu bewürken, was du durch die Sprache des Tons und der Gebärden erreichen willst – wie sehr klebt hier alles am Ausdrucke: nicht in einzelnen Worten, sondern in jedem Teile, im Fortgange derselben und im Ganzen" (Herder).

[. . .] In einer Rezension (1771) prägt Gerstenberg dafür den Begriff „innere Regel": „Wo Einheit (quod sibi constat) ist, da ist innere Regel; und wo diese fehlt, da fehlt gemeiniglich mehr, als irgendeine Regel ersetzen kann."

Goethe zweifelt darum „keinen Augenblick, dem regelmäßigen Theater zu entsagen". Die Einheit des Ortes scheint ihm „kerkermäßig ängstlich", die Einheiten von Zeit und Handlung „lästige Fesseln unserer Einbildungskraft". Mit ausführlichen Argumenten bestreitet Lenz ihre Berechtigung. So wie Gerstenberg bei Shakespeare das Zugleich von Tragik, Komik und Groteske bewundert, beruft sich Bürger auf das „Gefühl der Natur", als er feststellt:

„Da meinen sie nun, verbieten zu können, daß das Komische nichts Tragisches und das Tragische nichts Komisches begleite, und bedenken nicht, wie sehr einem mit dem andern oft aufgeholfen werden könne."

[. . .]

Die Sturm-und-Drang-Poetik läßt eine Reihe deutlicher Akzentverschiebungen erkennen: von den „oberen" zu den „unteren" Vermögen mit allen Konsequenzen für das Vordringen des Emotionalen im Schaffen, im Werk und in der Wirkung; den Wechsel vom Genie-Haben zum Genie-Sein; von äußeren zu inneren Regeln; die Dominanz des Charakteristischen über das Schöne; ein neues Gattungsverständnis bei Drama und Lyrik; den Abschied von der normativen Poetik zugunsten der verstehenden, für die das historische und individualisierende Denken entscheidet.
[. . .]

Dies alles bahnt sich im 18. Jahrhundert allerdings so vielfältig an, daß man kaum von einem radikalen Bruch mit der Vergangenheit reden kann, eher von einem allmählichen Übergang. Eine neue kulturtragende Schicht greift zu, was ihr gemäß ist, verstärkt es und erhebt es zum Programm. Zugleich tauchen Ideen auf, die die Zukunft vorwegnehmen. Der gesamte Komplex der Gehalt-Gestalt-Beziehungen – ob von der „inneren Form" oder von der „Einheit der Absicht" her gesehen – ist bereits ein Stück klassischer Ästhetik (vielleicht sogar mehr). Gleiches gilt von Teilen der Genie-Lehre. Auch die Klassik sieht im Genie ein Werkzeug der schaffenden Natur, auch sie definiert „Schöpfungskraft" als „Gefühl der Verhältnisse, Maße und des Gehörigen" (Goethe). Der Satz des jungen Goethe:

„Jede Form, auch die gefühlteste, hat etwas Unwahres, allein sie ist ein für allemal das Glas, wodurch wir die heiligen Strahlen der verbreiteten Natur an das Herz der Menschen zum Feuerblick sammeln"

hätte (ohne den „Feuerblick") zwanzig Jahre später geschrieben werden können. Auch zur Klassik hin sind also die Übergänge fließend.

Der Sturm und Drang war eine relativ kurze und partielle Episode. Zwischen 1766 und 1778 bestimmten ja nicht nur Gerstenberg, Herder, Lenz, Klinger oder der junge Goethe das literarische Leben, sondern auch Männer wie Klopstock, Mendelssohn, Lessing, Nicolai, Sulzer oder Wieland. Am 8. Juli 1778 bereits schrieb Voß an Göckingk: „Aber die Geniesucht wird ja bald ausgewütet haben, und man wird lernen, daß es bey der Darstellung auch darauf ankomme, *wie* man darstelle." *Dies* hatten die Stürmer und Dränger allerdings längst gelernt – nicht nur in ihrer Praxis, sondern auch in ihrer Theorie.

6 LITERATURHINWEISE

Berg/Günther/Ganschow u. a.: Von Lessing bis Kroetz. Dramenanalyse. Kronberg: Scriptor/Athenäum 1975 (Scriptor TB 54)

Bruford, Walter H.: Die gesellschaftlichen Grundlagen der Goethezeit. Frankfurt/Berlin: Ullstein 1975 (Ullstein TB 3142)

Grimm, R. (Hg.): Deutsche Dramentheorien. Frankfurt/M.: Fischer/Athenäum ²1978

Hauser, Arnold: Sozialgeschichte der Kunst und Literatur. München: Beck 1969

Kließ, Werner: Sturm und Drang. Dramatiker des Welttheaters. Velber: Friedrich 1966

Kohlschmidt, Werner: Geschichte der deutschen Literatur. Stuttgart: Reclam 1965 f. (Reclam Nr. 10 – 024-36)

Lahnstein, Peter: Report einer guten alten Zeit. Stuttgart: Deutscher Taschenbuch Verlag 1977 (dtv 1290)

Löwenthal, Erich (Hg.): Sturm und Drang – Kritische Schriften. Heidelberg: Lambert Schneider 1972

Lukacz, Georg: Faust und Faustus. Hamburg: Rowohlt 1967 (rde 285–287)

Müller, Peter (Hg.): Sturm und Drang – Weltanschauliche und ästhetische Schriften. Berlin/Weimar: Aufbau Verlag 1978

Schlaffer, Heinz: Der Bürger als Held. Sozialgeschichtliche Auflösungen gesellschaftlicher Widersprüche. Frankfurt/M.: Suhrkamp 1973 (es 624)

Vaßen, Fritz: Methoden der Literaturwissenschaft II (Grundstudium Literaturwissenschaft 4), Wiesbaden: Westdeutscher Verlag 1978

Wächtershäuser, Wilhelm: Das Verbrechen des Kindesmordes im Zeitalter der Aufklärung (Quellen und Forschungen zur Strafrechtsgeschichte), Berlin: E. Schmidt 1973

Im übrigen wird auf die Fundstellenangaben innerhalb des Heftes verwiesen.